¡VAMOS DE FIESTA!

A Harcourt Spanish Reading / Language Arts Program

¡VAMOS DE FIESTA!

A Harcourt Spanish Reading / Language Arts Program

CANTOS Y FIESTAS

AUTORES

Alma Flor Ada • F. Isabel Campoy • Juan S. Solis

CONSULTORA

Angelina Olivares

Harcourt

Orlando   Boston   Dallas   Chicago   San Diego

Visita *The Learning Site*

www.harcourtschool.com

¡VAMOS DE FIESTA! 2001 Edition Copyright © by Harcourt, Inc.

All rights reserved. No part of this publication may be reproduced or transmitted in any form or by any means, electronic or mechanical, including photocopy, recording, or any information storage and retrieval system, without permission in writing from the publisher.

Requests for permission to make copies of any part of the work should be mailed to the following address: School Permissions, Harcourt, Inc., 6277 Sea Harbor Drive, Orlando, Florida 32887-6777.

HARCOURT and the Harcourt Logo are trademarks of Harcourt, Inc.

Acknowledgments appear in the back of the book.

Printed in the United States of America

ISBN 0-15-314682-6

3 4 5 6 7 8 9 10 048 2001 2000

Querido lector,

¿Tienes algunas ideas interesantes que compartir? Los personajes de este libro también tienen ideas interesantes. Conocerás a Carmen, quien le muestra a sus amigos cómo hacer una estrella. Y a Hugo Hipo que tiene una idea brillantísima sobre qué llevar a un picnic. Zorra también tiene una idea, pero no resulta muy buena.

Cuando lees encuentras muchas ideas y aventuras, pero es cuando las compartes que se convierten en **¡Cantos y fiestas!** ¡Ven y disfruta!

Atentamente,

Los Autores

Los Autores

Contenido

Contenido

tema

Creo que puedo

Salí de paseo

escrito por Sue Williams

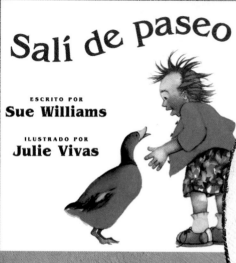

Un niño sale de paseo y descubre el mundo.

DE LA COLECCIÓN

Yo tenía un hipopótamo

*escrito e ilustrado
por Héctor Viveros Lee*

Un niño regala animales a su familia y se queda con uno.

La casa adormecida

escrito por Audrey Wood

Una abuela sueña dulcemente en una noche de lluvia.

DE LA COLECCIÓN

El pollito
que no quería
salir

Claire Daniel

ilustrado por Lisa Campbell Ernst

12

En el nido de Gallina había seis huevos.

¡Pío! ¡Pío! ¡Pío!

Salieron cinco pollitos.

—¡Mi familia! —dijo Gallina.

Pero uno de los pollitos no quería salir.

El huevo rodó fuera del nido.

—¡Agarren el huevo! —gritó Gallina.

El huevo siguió rodando. Pasó
rodando junto al cerdo.

—¡Agarren el huevo! —gritó
Gallina. Como Cerdo no pudo
agarrarlo, él también empezó
a correr.

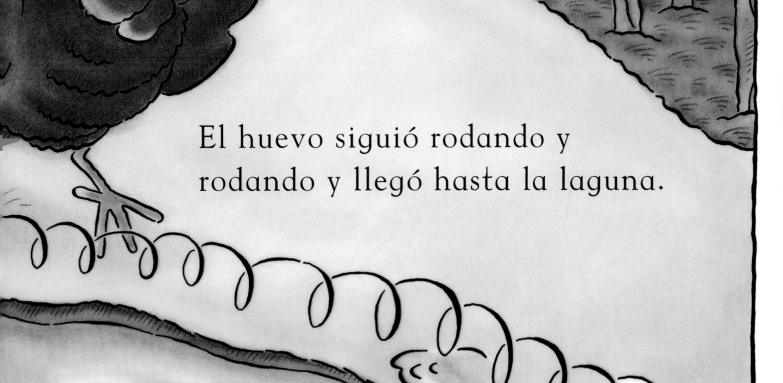

El huevo siguió rodando y rodando y llegó hasta la laguna.

17

—¡Agarren el huevo!
—gritaron Gallina y Cerdo.
Como Pato no pudo
agarrarlo, él también
empezó a correr.

El huevo siguió rodando. Rodó junto
a las plantas de tomates.

19

—¡Agarren el huevo! —gritaron Gallina, Cerdo y Pato. Como Caballo no pudo agarrarlo, él también empezó a correr.

El huevo saltó sobre una zanja.

El huevo saltó sobre un zorro.

—¡Alto! ¡Alto! —gritó Gallina.

El huevo rodó hasta el granero y chocó contra la pared. ¡CRAC! Y salió el pollito que no quería nacer.

—¡Mi pollito! —gritó Gallina.

—¡Mamá! —dijo el pollito—.
¡Qué paseo!

—Sí, qué paseo —dijeron todos.

23

Conozcamos a la ilustradora

Lisa Campbell Ernst

Antes de hacer las ilustraciones de *El pollito que no quería salir* Lisa Campbell Ernst llevó a su hija al zoológico. A su hija le gustó mucho un caballo llamado Lans. Fue entonces cuando Lisa Campbell Ernst decidió que el caballo del cuento sería igual a Lans. ¡A Lisa le gustaría que tú también hagas dibujos de lo que veas a tu alrededor!

Lisa Campbell Ernst

Visita *The Learning Site*
www.harcourtschool.com/reading/spanish

25

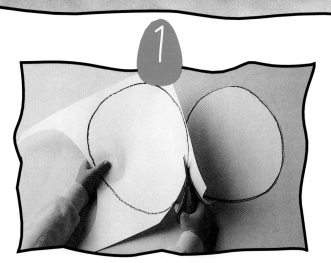

Recorta dos huevos en cartulina.

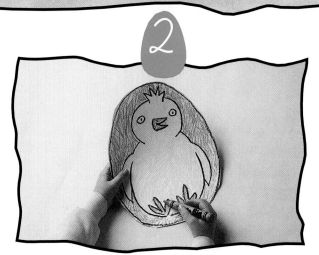

Dibuja un pollito en uno de ellos.

Recorta el otro huevo como
se muestra.

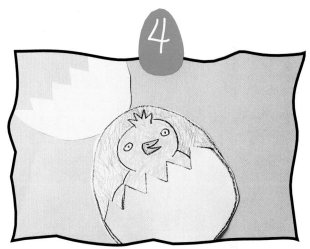

Pega con cinta las mitades
sobre el pollito que has
dibujado.

Cuenta la historia del
pollito usando el huevo
que has hecho.

Los moños de la hormiga

Gloria Morales Veyra

Ilustrado por Ruth Rodríguez

Al barrer, una hormiguita un centavo
se encontró.

Y con él un moño rojo, presumida
se compró.

Se lo puso en la cabeza y en
la puerta se sentó.

Tan coqueta se veía, que
a todos enamoró.

Al mirarla tan bonita, un borrego
se acercó.
–¿Te quieres casar conmigo?
La hormiguita dijo: –¡No!

Vino el perro, vino el gato y un gallito cantador.

Ni el ladrido, ni el maullido, ni el cantar la convenció.

A ninguno le hizo caso, hasta que
llegó un ratón.

Ratón Pérez se llamaba, ¡ése sí
que le gustó!

Se casaron en la plaza, una banda
allí tocó.

Y se fueron muy felices, a su casa de cartón.

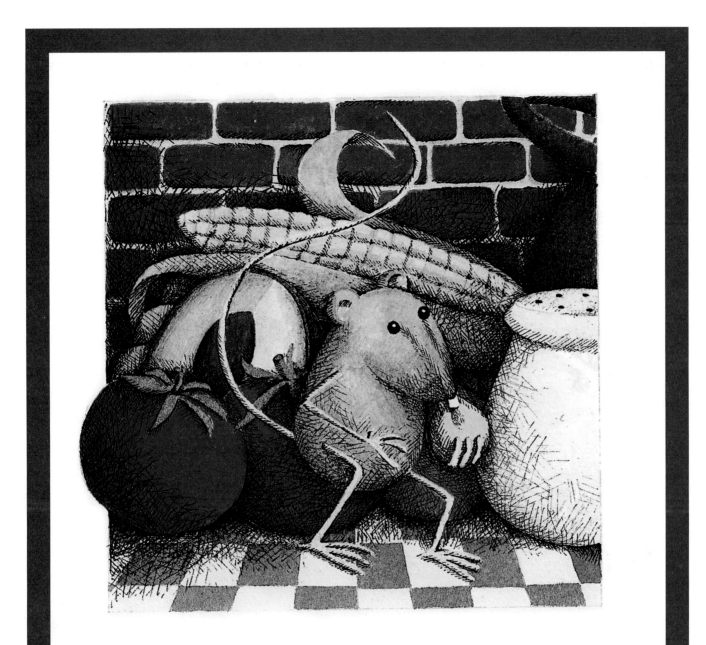

Pero un día, de repente, Ratón Pérez
se perdió.

A la olla de frijoles, ¡por goloso se cayó!

PIÉNSALO

1. ¿Quiénes querían casarse con la hormiguita?

2. ¿Por qué crees que la hormiguita eligió al Ratón Pérez?

3. ¿Qué le pasó al Ratón Pérez?

Una historieta

¡Haz una historieta con los personajes de *Los moños de la hormiga!*

1 Elige una de tus escenas favoritas del cuento.

2 Dibuja la escena en cuatro tarjetas como si fuera una historieta.

3 Intercambia las tarjetas con un compañero.

4 Imagina un final diferente para la escena que dibujó tu compañero.

43

Día de mercado

Carmen Parks
ilustrado por Edward Martinez

Ilustrador
premiado

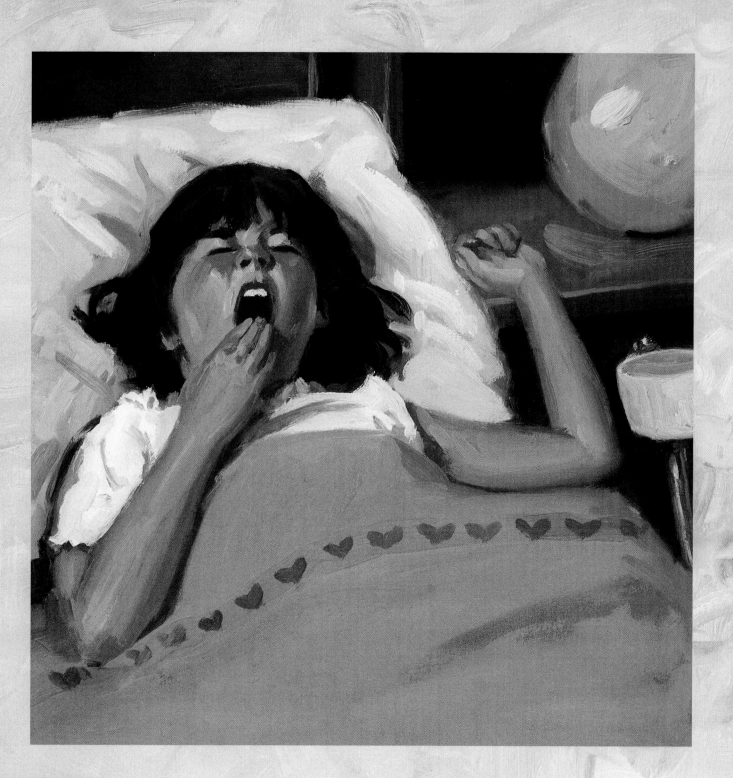

Todavía es de noche, pero ya es hora de levantarse. Hoy es día de mercado.

Siempre voy al mercado con mamá y papá. Allí vendemos muchas frutas y verduras de nuestra granja.

Cuando salimos a la mañana todavía
se ven las estrellas en el cielo.

Finalmente llegamos.
Estacionamos la camioneta y
preparamos nuestro puesto.

Tenemos muchas frutas y
verduras para vender.

—¡Qué tiernos los elotes! —dice un hombre—.
Las berenjenas también están muy frescas.

Mucha gente se para a mirar nuestro puesto.
Carmen, mi mejor amiga, también se para a mirar.

Carmen compra elotes y
también algunos limones.

Papá vende todos los elotes. ¡Ya
no nos queda nada en el puesto!

El día de mercado ha terminado.
Juntamos la basura y volvemos a casa.

Los días de mercado pasan muy rápido.
¡Son mis días favoritos!

Conozcamos al ilustrador

Edward Martinez

A Ed Martinez le gusta mucho dibujar y pintar. Antes de hacer las ilustraciones de *Día de mercado* y *La estrella de Carmen*, Ed sacó muchas fotografías de niños. Luego usó las fotografías como modelos para ilustrar los cuentos. ¡Quizás conozcas a Carmen o alguno de sus amigos!

Edward Martinez

Tu propio mercado

Prepara frutas y verduras para vender en tu propio mercado.

1 Recorta varias frutas y verduras en cartulina.

2 Coloca precios a tus frutas y verduras.

3 Túrnate para comprar y vender las frutas y verduras del mercado.

LA ESTRELLA DE CARMEN

Ilustrador premiado

Claire Daniel
ilustrado por Edward Martinez

A Carmen le gusta hacer cosas.
Un día hizo una estrella con lana.

Eva la vio en el patio.

—Me gusta esa estrella —dijo—. ¿Cómo la hiciste?

—La hice con lana —contestó Carmen.

—Te doy mi caballito si me das la estrella —dijo
Eva—. Me gusta mucho.
—Sí —dijo Carmen—. Me gusta tu caballito.

Eva vio a Gerardo.

—¿Dónde compraste esa estrella? —preguntó Gerardo.

—Me la dio Carmen —dijo Eva.

—Te doy esta gorra roja si me das
la estrella —dijo Gerardo.
—Toma —dijo Eva—. Siempre quise
una gorra roja.

Gerardo fue a la casa de Carmen con la estrella.
—¿Es ésa la estrella que yo hice? —preguntó
Carmen.

—Sí —dijo Gerardo—. La cambié por
mi gorra roja.

—¿Me la devuelves? —preguntó Carmen.

—Me gustaría que fuera mía —dijo Gerardo.

—¡Ya sé! —dijo Gerardo—. Te podemos
ayudar a hacer más estrellas.
—¡Sí! —dijo Carmen.
—Empecemos ya —dijo Eva.

—Podemos hacer estrellas y repartirlas
entre la gente amiga —dijo Carmen.

Así es como Carmen hace las estrellas.

El periódico de ayer

El periódico de ayer
    un sombrero puede ser,
    un avión o un barco,
    y también un puente
    para cruzar el charco.
El periódico de ayer
    todas estas cosas puede ser
    y también una casita
    para que duerma la gatita.

Mabel Watts
ilustrado por Marc Brown

TALLER DE ★ ACTIVIDADES

¡Brilla, brilla, estrellita!

Representa el poema con varios compañeros. Entre todos inventen movimientos para representar el poema "Brilla, brilla, estrellita".

Brilla, brilla, estrellita

brilla, brilla, sin cesar.

Un diamante tú eres

en el cielo y sobre el mar.

Brilla, brilla, estrellita

brilla, brilla, sin cesar.

75

LA CARRERA DE MARCOS

Ilustrador premiado

WESLEY CARTIER

ILUSTRADO POR REYNOLD RUFFINS

76

Es hora de correr en el parque.
Mientras corro, pienso que soy muy
rápido. ¡Me gustaría correr como . . .

. . . un conejo!

El conejo salta entre la hierba. Da grandes saltos con sus largas patas traseras y se va.

Ahora corro como el conejo. Doy grandes saltos y pienso que

tengo que correr rápido. ¡Me gustaría correr como . . .

. . . un lince!

El lince corre en el sendero del bosque.
Cuando caza, corre como una flecha.

Ahora corro como el lince. Corro rápido por el sendero del parque.

Pienso que

tengo que correr más rápido.
¡Me gustaría correr como . . .

. . . un caballo!

El caballo empieza a correr trotando. Y de pronto, ¡se lanza a galopar como el viento!

Ahora corro como el caballo. Siento el
viento en mi cara. Pienso que

tengo que correr más rápido que nadie.
¡Me gustaría correr como . . .

. . . una chita!

La chita corre como un rayo.
Nadie la puede alcanzar.

Ahora corro como una chita.

Pero me cuesta respirar bien.
No puedo correr más. ¡Me gustaría . . .

85

. . . estar en casa!

Cansado y sin aliento llego a casa.

86

Pienso que

¡NECESITO DESCANSAR!

88

Conozcamos al ilustrador

REYNOLD RUFFINS

A Reynold Ruffins le gusta mucho dibujar. Él opina que dibujar es una gran aventura. El dibujo le permite mostrar cosas que nadie se ha imaginado todavía. "Pienso que los dibujos pueden contar historias igual que las palabras" dice Reynold Ruffins.

Reynold Ruffins

Visita *The Learning Site*
www.harcourtschool.com/reading/spanish

Carrera de animales

Marcos se imagina que es un conejo, un lince, un caballo y una chita. Ahora puedes actuar como estos animales en una carrera.

1 Dividan la clase en grupos de cuatro.

2 El primer niño del grupo debe saltar como un conejo hasta la meta y volver al punto de partida.

3 El segundo niño debe correr como un lince.

4 El tercero debe galopar como un caballo.

5 El cuarto debe correr como una chita.

Después que todos corrieron,
pueden DESCANSAR, ¡igual
que Marcos!

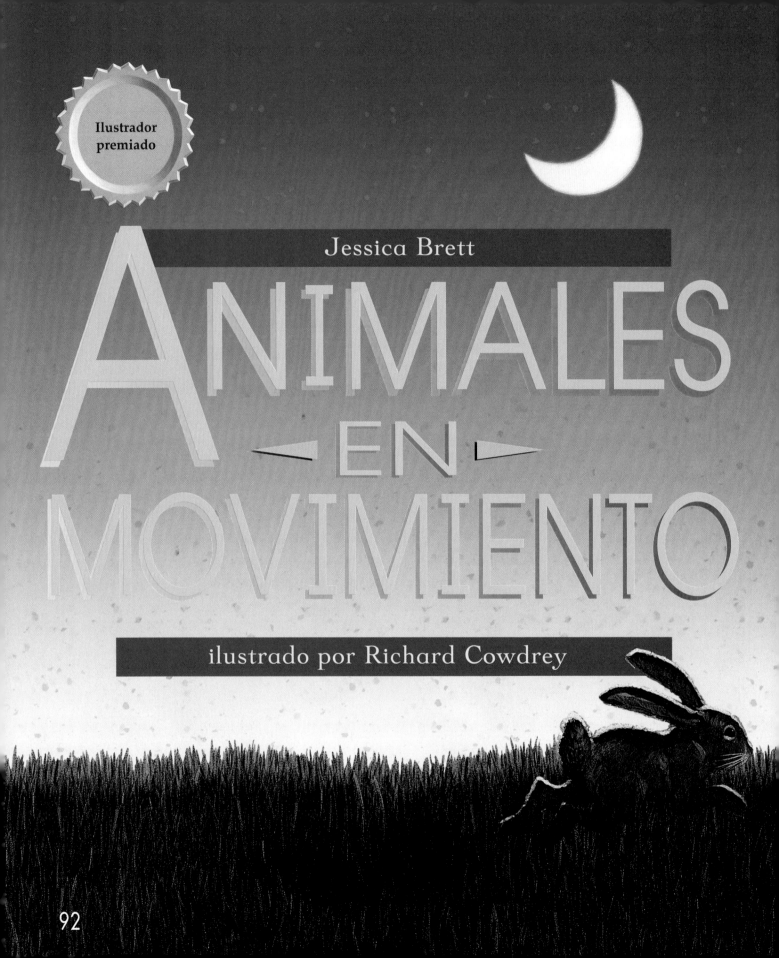

Ilustrador premiado

Jessica Brett

ANIMALES EN MOVIMIENTO

ilustrado por Richard Cowdrey

Los ratones son pequeños, pero muy rápidos. Los animales tienen que ser rápidos para poder cazar con éxito.

Continúa leyendo para descubrir más cosas sobre otros animales veloces.

Los caballos salvajes están siempre en movimiento.
Cuando uno de los caballos se ve en peligro, les
avisa a los otros y todos salen corriendo.

El avestruz es muy grande para volar, pero puede correr muy rápido. Un avestruz puede correr tan rápido como un caballo.

Los zorros y los linces cazan liebres.
Las liebres corren rápidamente entre
la hierba.

Cuando una liebre siente peligro,
golpea el suelo con una pata para
avisar a sus compañeros.

Los linces cazan de noche. Aun de
noche los linces pueden ver muy bien.

Cuando el lince ve una liebre, se
lanza sobre ella para atraparla.

La chita es el más veloz de los
animales terrestres. Puede atrapar a
otros animales rápidos.

La chita puede correr tan rápido como un
carro pero no por mucho tiempo. Al poco
tiempo de comenzar a correr, debe descansar.

Ahora que conoces a varios animales veloces, mira el mapa para ver dónde viven.

Conozcamos al ilustrador
RICHARD COWDREY

Richard Cowdry se dedica a ilustrar libros, almanaques y afiches. Trabaja en su cabaña, junto a un lago en el bosque. ¿Qué animales crees que Richard Cowdry ha visto desde su cabaña?

Visita *The Learning Site*
www.harcourtschool.com/reading/spanish

TALLER DE ACTIVIDADES

MÁSCARAS DE

¿Cuál es tu animal preferido?
Haz una máscara de tu animal preferido.

1 Dibuja la cara del animal en un plato de papel.

2 Recorta los ojos.

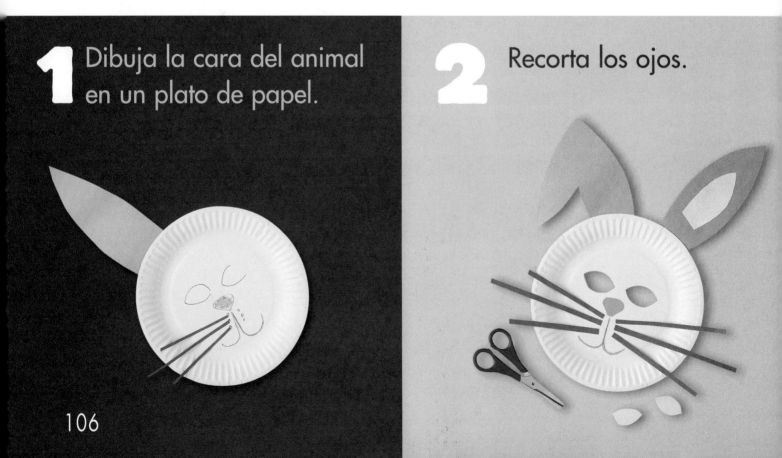

ANIMALES

3 Pégale un palito a la máscara.

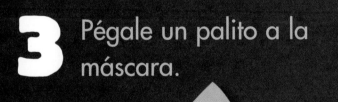

4 Ponte la máscara. Cuéntale a un compañero lo que sabes de ese animal.

107

Camino al lago

Angela Shelf Medearis

ilustrado por Lorinda Bryan Cauley

Un día, Tina Tigre fue a visitar a
Hugo Hipo. Hugo preparó una
canasta para almorzar junto al lago.

—Tú llevas el almuerzo —dijo Tina—. Yo
llevaré todas estas cosas muy importantes.
Hugo dijo que sí con la cabeza.

Comenzaron a caminar. Era un día muy caluroso. De pronto, Hugo se sintió enfermo.

—Siéntate bajo mi sombrilla —dijo
Tina—. Te abanicaré.

—Gracias —dijo Hugo.

Cuando Hugo se sintió mejor, siguieron
caminando hacia el lago. De pronto Hugo
se detuvo y dijo en voz alta: —Oh, no.
¡Olvidé la canasta!

—Sigue caminando. Yo voy a
buscarla —dijo Tina.

Tina dejó algunas piedritas en el
camino. Encontró la canasta y
volvió sobre sus pasos.

En el camino, Tina se detuvo. Miró a
uno y otro lado. ¡Estaba perdida!

—Seguiré las piedritas que están
en el camino.

Tina llegó a la laguna. Pero no pudo
encontrar a Hugo.

—¡Aquí estoy! —gritó Hugo—. Por suerte
trajiste todas esas cosas importantes.

—Sí —dijo Tina—. Y por suerte tú trajiste
mucha comida. ¡Estoy muerta de hambre!

Conozcamos a la autora

Angela Shelf Medearis

A Angela Shelf Medearis le gusta reírse y escribir cuentos divertidos. En su oficina tiene muchísimos juguetes. Ella usa los juguetes para sacar ideas y divertirse. Angela espera que el cuento *Camino al lago* te resulte divertido.

Angela Shelf Medearis

Lorinda Bryan Cauley

Visita *The Learning Site*
www.harcourtschool.com/reading/span

Lorinda Bryan Cauley

Lorinda Bryan Cauley tardó unos cuatro días para dibujar cada una de estas páginas. Primero hizo el dibujo en lápiz. Luego lo coloreó con lápices y tinta de colores.

Lorinda Bryan Cauley presta mucha atención a los ojos de los personajes. Ella piensa que los ojos son muy importantes porque expresan sentimientos. ¿Tú qué opinas?

121

Hipopotamito

Hipopoquito
hipopequeño
hipopocuelo
hipopoquillo
hipopomito.

Mamá hipopótama,
¿qué nombres cariñosos
vas a darle a tu hijo
el hipopotamito?

Alma Flor Ada
ilustrado por David Wojtowycz

123

TALLER DE ACTIVIDADES

Premio a la amistad

Tina es una buena amiga de Hugo. Haz una medalla para Tina.

Tina es una buena amiga.

Tina ayudó a Hugo.

1

Dibuja un círculo y una cinta.

2

Escribe algo bueno para Tina en el círculo.

3

Escribe por qué Tina es una buena amiga en la cinta.

124

4

Pega la cinta al círculo.

5

Muestra tu medalla. Explica por qué Tina es una buena amiga.

Me pregunto

escrito y fotografiado
por Tana Hoban

Mientras camino sobre la suave hierba me pregunto sobre todos los animales que veo.

Una oruga se arrastra y avanza por el suelo. ¿De dónde viene? ¿A dónde va?

Una telaraña brilla en la luz de la mañana.
¿Quién la tejió? ¿Es difícil tejer una telaraña?

Los insectos van y vienen. ¿Están
tristes o contentos? ¿Se pondrán
contentos cuando llegan a su casa?

Un pájaro está sentado en una rama.
¿Se estará preparando para volar?
¡Qué divertido debe ser volar!

¿Quién es el que zumba de
flor en flor? Seguramente
las flores huelen muy bien.

Hay una huella en el lodo. ¿Quién habrá retorcido su cuerpo para dejar esa marca?

Una rana regordota está sentada
junto al lago. ¿Se dará un baño
en el agua? Creo que sí.

Una pata nada junto a sus
patitos. ¿Me están saludando
cuando dicen cuac-cuac?

Un gatito juega en la hierba. ¿Estará dando un paseo, igual que yo? Me gustaría preguntárselo.

Cuando vuelvo caminando a casa, me
pregunto sobre todos los animales que veo.
Y los animales, ¿se preguntarán quién soy?

Conozcamos a la autora y fotógrafa

Tana Hoban

Tana Hoban lleva su cámara a todas partes. Siempre está a la búsqueda de algo nuevo para fotografiar.

Tana Hoban vive en París, Francia y fue allí donde tomó las fotografías de *Me pregunto*. Ella desea que después de leer este cuento puedas apreciar las cosas pequeñas de una nueva manera.

Tana Hoban

138

Visita *The Learning Site*
www.harcourtschool.com/reading/spanish

Lectura en voz alta

Tu Cámara

Tana Hoban es fotógrafa.
¡Tú también puedes ser un fotógrafo!

1 Dobla una hoja de papel por la mitad.

2 Dibuja los detalles de una cámara como ésta.

3 Haz algunos dibujos y colócalos dentro de la cámara.

4 Saca las fotos y muéstralas a tus compañeros.

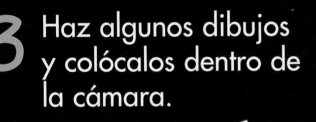

141

CERDITO
· Y EL ·
NABO

CARON LEE COHEN
ILUSTRADO POR CHRISTOPHER DENISE

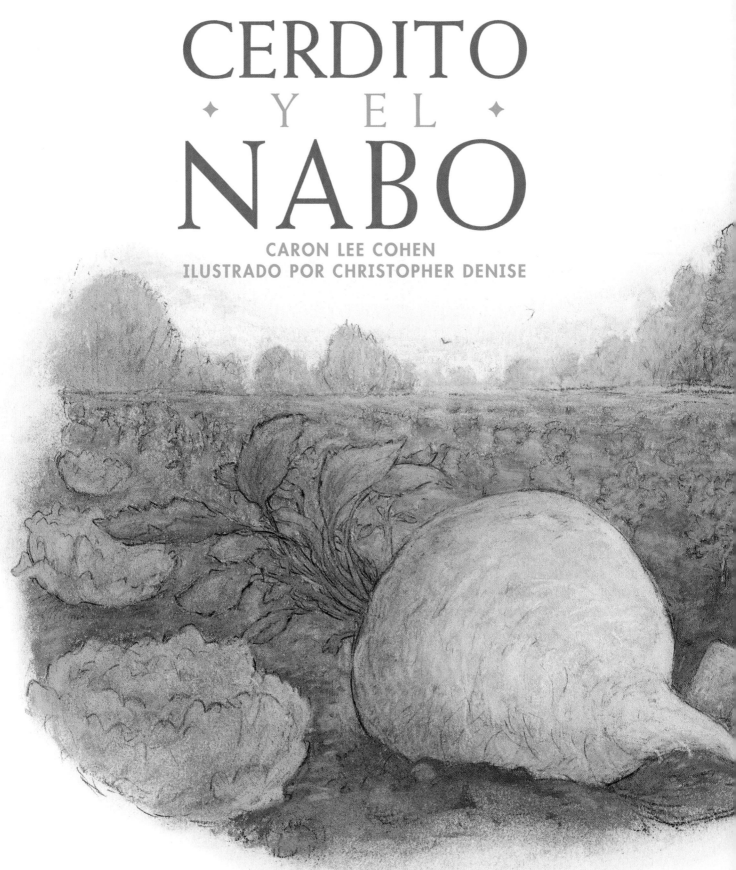

Un día, Cerdito encontró un nabo muy grande.

—Con este nabo haré un rico pastel —dijo Cerdito.

Pollo, Pato y Perro estaban sentados
en un rincón del granero.

—Vamos a comer un pastel de nabo
—dijo Cerdito—. ¿Quién me ayuda a
cortar el nabo?

—Yo no —dijo Pollo.

—Yo no —dijo Pato.

—Yo no —dijo Perro.

—Bueno, entonces lo
corto yo.

Y Cerdito cortó el nabo.

—¿Quién me ayuda a hacer el puré? —preguntó Cerdito.

—Yo no —dijo Pollo.

—Yo no —dijo Pato.

—Yo no —dijo Perro.

—Bueno, entonces lo
haré yo.

Y Cerdito hizo el puré.

—¿Quién me ayuda a
hacer el pastel?
—preguntó Cerdito.

—Yo no —dijo Pollo.
—Yo no —dijo Pato.
—Yo no —dijo Perro.

—Bueno, entonces yo haré
el pastel.

Y Cerdito hizo el pastel y llamó
a sus crías a comer.

—¿Podemos comer pastel nosotros
también? —preguntaron los otros animales.
—No —dijo Cerdito—. Ustedes no quisieron
ayudar. Ahora mis crías y yo nos
comeremos el pastel.

Y se sentaron a comer.

Conozcamos a la autora

CARON LEE COHEN

A Caron Lee Cohen le gusta pensar que es una gran cocinera, como el personaje de este cuento. Ella opina que escribir un cuento es muy parecido a preparar comida. En los dos casos hay que combinar los ingredientes exactos y probar el plato para ver si le falta algo.

Caron Lee Cohen

Conozcamos al ilustrador

CHRISTOPHER DENISE

Christopher Denise

A Christopher Denise le gusta dibujar animales. Antes de empezar, observa con atención fotos de animales reales para obtener ideas. Christopher Denise cree que si el animal tiene alguna característica especial, a los niños les gusta más el cuento.

 Visita *The Learning Site*
www.harcourtschool.com/reading/spanish

Cerdito y

Una obra de marionetas con Cerdito

1 Dibuja a Cerdito y sus amigos. Recorta las figuras.

2 Pega un palito detrás de cada figura.

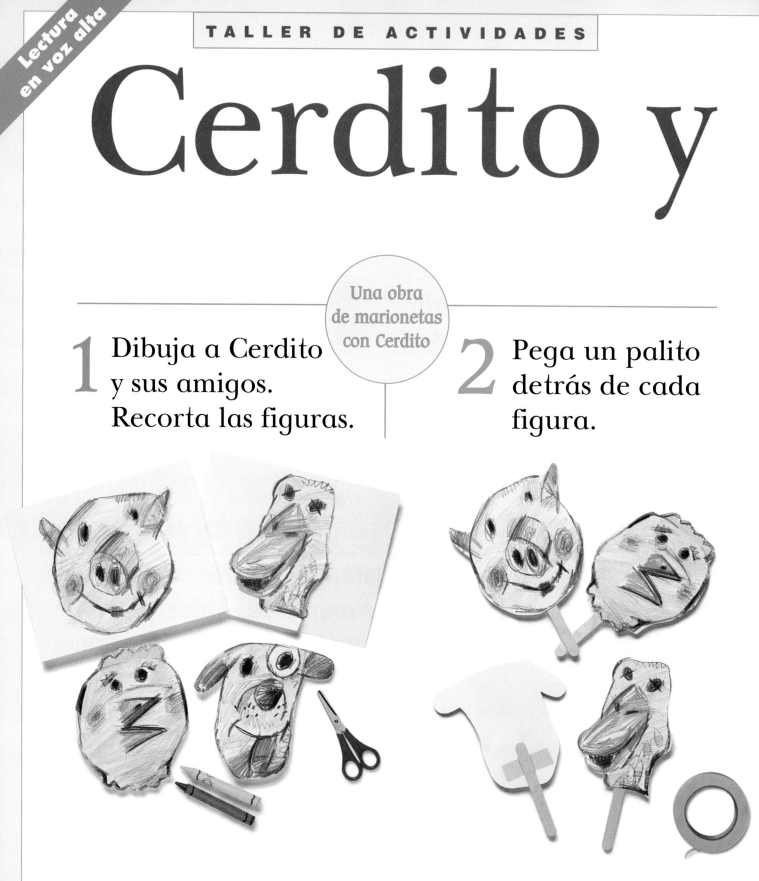

sus amigos

3 Piensa en nuevas historias para Cerdito y sus amigos.

4 Haz una obra de marionetas.

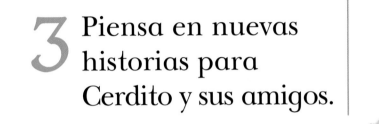

El murfo morado

Rozanne Lanczak Williams
ilustrado por Mary GrandPré

Una mañana de marzo, Marisol
estaba en el jardín. De pronto
escuchó un llanto.

El llanto venía de abajo del porche. ¿Quién era? ¿Qué era? Ella sólo veía la piel morada de un animal.

160

Era más pequeño que el caballo de Marisol. Pero era más grande que un pájaro. Marisol no lo podía creer. ¿Acaso era un murfo?

Marisol lo observó
con atención. Luego
buscó un libro y
comenzó a leer.

El libro decía que los murfos morados ronronean, ladran y cantan. Y cuando comen algo dulce gruñen y se relamen.

Debajo del porche de Marisol, había algo acurrucado que ronroneaba, ladraba y cantaba. Además, gruñía y se relamía como un murfo morado.

—Hola, Marisol —dijo el murfo—.
Me alegra mucho verte. ¿Tienes
algún dulce para mí?

—Eres un murfo —dijo Marisol—.
Veo que eres grande y morado.
Vi un murfo en el libro y ahora
estás aquí.

Marisol y el murfo jugaron
todo el día y se divirtieron
mucho.

El tiempo se fue volando y el murfo tuvo que regresar a casa.

—Adiós, Marisol —dijo el murfo cantando—. Volveré, ya lo verás.

—Adiós —dijo Marisol—.
Pasé un día muy divertido.
Ven con otros murfos
morados a jugar en casa.

Conozcamos a la autora

Rozanne Lanczak Williams

¿De dónde obtienes ideas para tus cuentos?

Llevo un cuaderno conmigo a todas partes. Allí anoto todas mis ideas. Cuando necesito una idea para un cuento, la busco en mi cuaderno.

¿Por qué te gusta escribir cuentos infantiles?

Pienso que los niños aprenden a escribir leyendo. Los cuentos como *El murfo morado* los ayudan a usar la imaginación. ¡Quizás tú también quieras escribir un cuento!

Visita *The Learning Site*
www.harcourtschool.com/reading/spanish

Mary Grand Pré

Rozanne Lanczak Williams

Conozcamos a la ilustradora

Mary Grand Pré

¿Cómo decidiste el aspecto que tendría el murfo?

Cuando estaba pensando en cómo iba a ser el murfo, me llamó la atención mi perro. Mi perro tiene una cara muy lanuda y además le gusta comer dulces. Poco a poco el murfo terminó pareciéndose a mi perro.

¿Qué más te gusta hacer además de dibujar?

Me gusta ir a las escuelas y hablar con los niños sobre mis dibujos. Me gusta enseñarles a dibujar.

171

¡DIVERTICOLORES!

¿Sabías que para obtener el color morado debes mezclar azul y rojo? Mezcla estos dos colores y verás.

El nero naranja

Un día el nero naranja se perdió. Se sentía triste. Tenía miedo. Yo lo encontré y lo llevé a su casa. Ahora somos amigos.

1 Mezcla dos colores para crear un nuevo color.

2 Dibuja un personaje. Cuando termines ponle un nombre.

3 Escribe un cuento sobre él. Léelo a la clase.

La zorra y la cigüeña

versión de Gerald McDermott
ilustrado por Gerald McDermott

Había una vez una zorra que vivía
en el bosque. A la zorra le gustaba
hacer travesuras a sus amigos.

Una mañana, la zorra remó en su bote por el lago. Cuando vio a su amiga la cigüeña, le preguntó: —¿Quieres venir mañana a cenar a mi casa?

—¡Qué amable eres! —dijo la cigüeña—. Sí, me gustaría mucho.

Al día siguiente, la cigüeña fue a
cenar a la casa de la zorra. Cuando
llegó, golpeó a la puerta con el pico.

—Adelante —dijo la zorra—.
Hoy hice una sopa.

—¡Qué bien! —dijo la
cigüeña—. Me gusta la sopa.

La zorra y la cigüeña se sentaron a comer. La zorra no sirvió la sopa en un plato hondo. La sirvió en un plato común.

La zorra pensó que era muy lista. La cigüeña no
podía comer de su plato. Lo único que podía hacer
la cigüeña era mojar la punta del pico en el plato.
La zorra se tomó toda la sopa.

La cigüeña todavía tenía hambre, pero no se quejó.

—Gracias por la cena —dijo la cigüeña—. Ven a mi casa y yo cocinaré para ti.

Al día siguiente la zorra fue
remando a la casa de la cigüeña.

—No quiero parecer vanidosa —dijo la cigüeña—, pero mi sopa es la mejor del bosque. La preparo con las verduras de mi jardín.

—¡Qué bien! —dijo la zorra—. ¡Vamos a comer!

La cigüeña sirvió la sopa en una jarra
alta. La zorra no pudo probar ni una
gota. Lo único que pudo hacer fue
lamer el borde de la jarra. En cambio
la cigüeña se tomó toda la sopa
metiendo su largo pico en la jarra.

La zorra volvió a su casa remando y quejándose todo el camino.

—Estoy muerta de hambre —dijo la zorra—. Esto me pasa por hacer travesuras a los amigos.

Y así fue como la zorra se dio cuenta que
lo mejor es ser bueno con los demás.

Conozcamos al autor e ilustrador

Gerald McDermott

Visita *The Learning Site*
www.harcourtschool.com/reading/spanish

A Gerald McDermott le gusta escribir sus propias versiones de fábulas y cuentos tradicionales porque esos cuentos tienen mensajes importantes. Sus ilustraciones son una expresiva manera de mostrar esos mensajes a los lectores. Gerald McDermott espera que te haya gustado esta versión de *La zorra y la cigüeña*.

Invitación

La zorra y la cigüeña cenaron juntos. Imagínate que tú eres la zorra o la cigüeña. Haz una invitación para una cena.

190

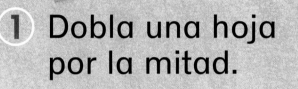

1 Dobla una hoja por la mitad.

2 Escribe la invitación.

3 Haz un dibujo en la portada.

4 Dale la invitación a un compañero.

Haz una cena imaginaria con la zorra y la cigüeña.

El canguro fanfarrón

Bernard Most

El canguro Saltarín era muy fanfarrón.
—Nadie puede brincar tan alto como
yo —decía—. Soy el mejor de todos.

Un día, varios amigos de Saltarín vinieron a visitarlo.
—Hagamos un concurso de salto —dijo un
cangurito—. El que salte más alto, gana.

Saltarín se rió y dijo: —Yo puedo saltar mucho,
mucho más alto que cualquiera de ustedes. Yo
ganaré porque soy el mejor.

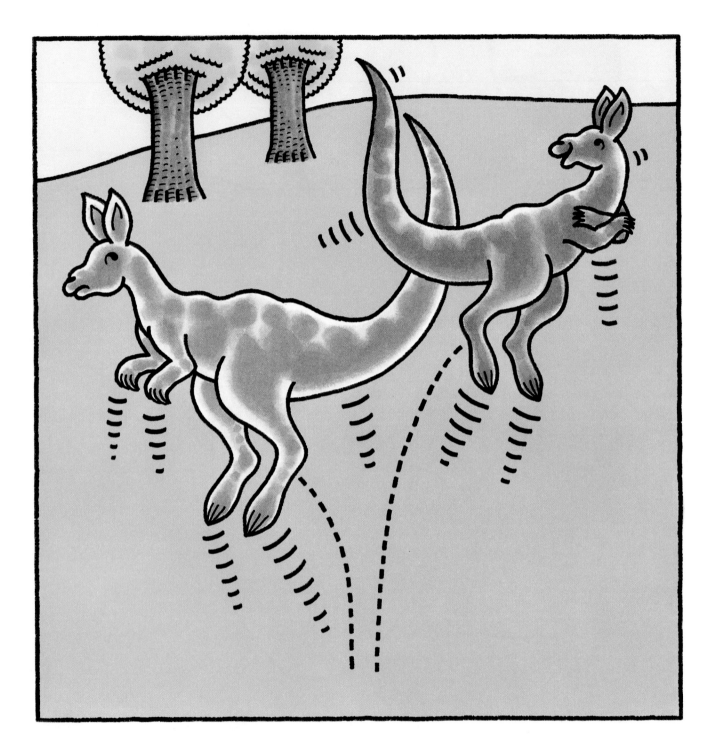

El primero de los canguros saltó muy alto, pero Saltarín
saltó más alto todavía.

—Lo dije muchas veces: soy el mejor —exclamó Saltarín.

El primer canguro dejó escapar un gemido.
—¿Quién será el próximo? —preguntó Saltarín.

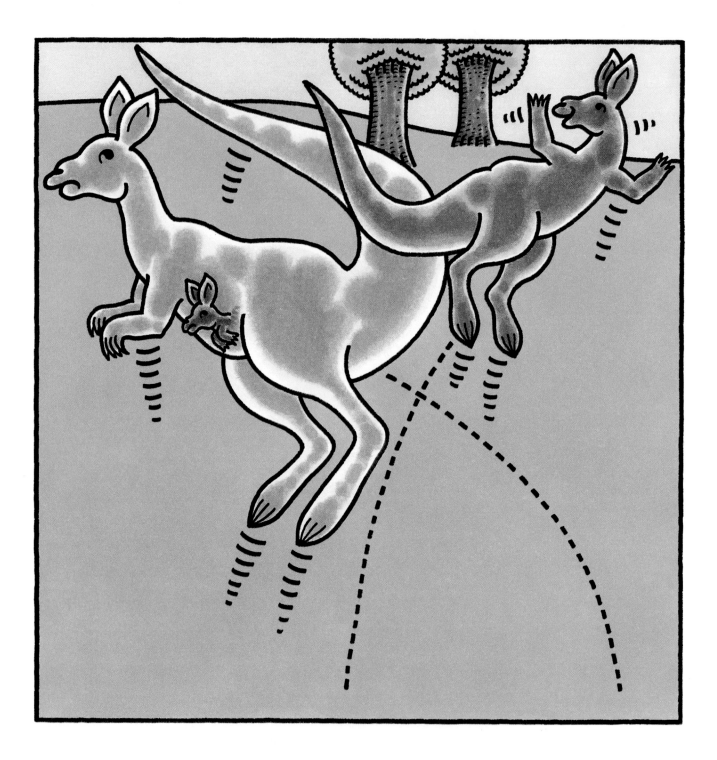

El siguiente canguro saltó muy alto, pero
Saltarín saltó mucho, mucho más alto.
—¡Soy una estrella! —dijo Saltarín jactándose.

Los otros canguros se lamentaron por haber perdido.
—¡Lo han visto todos! ¡Soy el mejor! —se jactó
Saltarín—. ¡Gané!

—¡Espera un momento! —dijo Cangurito—. Ahora
me toca a mí. ¿Puedes saltar más alto que ese árbol?

—¿Ese árbol? —preguntó Saltarín—. Ese árbol es muy alto. Yo soy el mejor saltador pero no puedo saltar tan alto como ese árbol.

—Entonces, si yo salto más alto que el árbol, ¿seré el ganador del concurso? —preguntó Cangurito muy decidido.

—Sí —dijo Saltarín riéndose—. Pero no lo lograrás.
Nadie puede saltar más alto que ese árbol.

Entonces Cangurito dio un pequeño salto y gritó:
—¡Gané, gané! ¡Soy el ganador del concurso...

...porque los ÁRBOLES NO PUEDEN SALTAR!
Todos se rieron mucho, y Saltarín fue el que más
se rió.

Conozcamos al autor e ilustrador

Bernard Most

Los personajes de **Bernard Most** encuentran maneras muy divertidas de resolver sus problemas. En *El canguro fanfarrón* Cangurito descubre una manera muy inteligente de ganar el concurso. El mensaje del autor es que hasta los más pequeños pueden lograr lo que desean. Bernard Most siempre aconseja a los más pequeños a nunca darse por vencido.

Bernard Most

206

De bolsillo

Los canguros son muy pequeños al nacer. Los canguros recién nacidos se quedan en la bolsa de la mamá durante mucho tiempo.

Al crecer un poco, entra y sale de la bolsa por su cuenta. La bolsa de la mamá es un lugar cálido y seguro.

Si estás contento...

Todos los canguros estaban muy contentos de que Cangurito ganara el concurso.

Únete a ellos y canta

"Si estás contento...".

210

Si estás contento y lo sabes,
das una palmada.

Si estás contento y lo sabes,
das otra palmada.

Si estás contento y lo sabes,
entonces díselo a todos.

Si estás contento y lo sabes,
das otra palmada.

Acknowledgments

For permission to translate/reprint copyrighted material, grateful acknowledgment is made to the following sources:

Patricia Babcock, on behalf of Mabel Watts: "Yesterday's Paper" by Mabel Watts.

Consejo Nacional de Fomento Educativo (CONAFE), Mexico: Los moños de la hormiga by Gloria Morales Veyra, illustrated by Ruth Rodríguez. Copyright 1996 by Consejo Nacional de Fomento Educativo (CONAFE).

Editorial Espasa-Calpe, S.A., Madrid: "Hipopotamito" from *Abecedario de los animales* by Alma Flor Ada. Text © by Alma Flor Ada; text © 1990 by Espasa Calpe, S.A.

Alfred A. Knopf, Inc.: Illustration by Marc Brown from *Read-Aloud Rhymes for the Very Young,* selected by Jack Prelutsky. Illustration copyright © 1986 by Marc Brown.

Lee & Low Books Inc., 95 Madison Avenue, New York, NY 10016: Cover illustration from *Yo tenía un hipopótamo* by Héctor Viveros Lee. Copyright © 1996 by Héctor Viveros Lee.

National Wildlife Federation: "Pocket Protectors" from *Your Big Backyard* Magazine, March 1998. Text copyright 1998 by the National Wildlife Federation.

Photo Credits

Key: (T)=top, (B)=bottom, (C)=center, (L)=left, (R)=right
Michael Campos Photography, 26, 27, 42, 43, 59, 75, 91, 106, 107, 124, 125, 140, 141, 156, 157; Mike Woodside, 171; Michael Campos Photography, 172, 173, 190, 191; John Cancalosi/Peter Arnold, Inc., 208
All other photos by Harcourt Brace:
Chuck Kneyse/Black Star; Walt Chyrnwski/Black Star; rick Falco/Black Star; Tom Sobolik/Black Star; Larry Hamill/Black Star; Anna Clopet/Black Star; Rick Friedman/Black Star; Peter Stone/Black Star; Todd Bigelow/Black Star; Kevin Delahunty/Black Star

Illustration Credits

Gerald McDermott, Cover Art; Gary Taxali, 4-11; Lisa Campbell Ernst, 12-25; Tracy Sabin, 26-27, 74-75, 90-91, 124-125, 140-141, 172-173, 190-191; Seymour Chwast, 28-43; Edward Martinez, 44-71; Marc Brown, 72-73; Reynold Ruffins, 76-89; Richard Cowdrey, 92-107; Lorinda Bryan Cauley, 108-121; David Wojtowycz, 122-123; Christopher Denise, 142-155; George Kreif, 156-157; Mary GrandPré, 158-171; Gerald McDermott, 174-190; Bernard Most, 192-207, 210-211